CHRISTIANIA.

LA NORVÈGE

ALBERT VANDAL.

A l'ouest et au nord de la presqu'île scandinave, lorsqu'on l'aborde par l'océan Atlantique, émerge graduellement, tel un colossal nuage montant dans l'horizon, une masse granitique dont les contours bleuissants s'accusent et se précisent à mesure qu'on approche de la côte dentelée. Des forêts la couronnent ici, des neiges ailleurs, par endroits elle est nue, mais presque partout il semble qu'un artiste géant l'ait sculptée avec une patience merveilleuse. C'est la Norvège, la terre norrique. Les Danois, qui l'ont possédée longtemps, l'appellent *Norge*; les Suédois, qui depuis 1814 voient en elle, politiquement, une sœur obéissant au même roi qu'eux, lui donnent le nom de *Norrige*. Peu importante par l'étendue (325,422 kilomètres carrés) et par la population (1,913,000 habitants), elle n'est riche que par l'industrie de la pêche (harengs, morues, phoques), par ses productions minières (argent, cuivre, cobalt), surtout par l'exploitation de ses différentes essences de bois. Son commerce, presque exclusivement maritime (1), la met en relation principalement avec l'Angleterre, l'Allemagne (par Hambourg), la Suède, la Russie et le Danemark, mais elle a conservé son autonomie dans ses lois et dans ses institutions, et aussi son caractère propre dans ses mœurs et dans son aspect. Très pittoresque, grâce à ses fjords, lits étroits de cours d'eau encaissés entre de hautes montagnes (dans le Sneehätta, 2,321 mètres d'altitude, dans le Galdhöpig, 2,560), grâce également à ses lacs si impressionnants, à ses vastes régions boisées, elle offre un des pays les plus curieux à visiter.

Son histoire, racontée dans les sagas (chants et légendes épiques), remonte aux premiers siècles de notre ère. Ses plus anciens peuples Normans (Normand) ou Norrois, parmi lesquels immigraient des aventuriers venus de la Germanie, formaient de nombreuses tribus placées sous l'autorité de chefs héréditaires. Harald Harfagar (le héros à la belle chevelure) soumit ces divers rois au commencement du dixième siècle, et introduisit le régime féodal. Les vaincus, impatients de tout joug, préférèrent l'exil à la sujétion. Sous la conduite de leurs vikings (guerriers), ils parcoururent audacieusement l'Océan, la mer du Nord, et, redoutables par leurs pirateries, allèrent piller les rivages anglais, français et allemands. Alfred le Grand, Charlemagne, Arnoulf, avaient d'abord repoussé victorieusement leurs incursions, mais des princes plus faibles, comme Charles le Simple, ne purent endiguer ce flot. En 912, un de leurs chefs, Hrolf (Rollon), conquiert la Normandie, et cent cinquante ans après, son plus glorieux descendant, Guillaume, s'empare de l'Angleterre. Ils poussent leurs expéditions jusqu'en Italie, jusque dans les Deux-Siciles, où les petits-fils de Tancrède de Hauteville fondent un royaume, tandis que Robert Guiscard obtient du pape le duché d'Apulie et que Roger II est nommé roi de Naples. D'autres, affrontant les dangers de l'inconnu, dirigent hardiment leurs barques vers le pôle, découvrent l'Islande, le Groenland, la Nouvelle-Angleterre, et, suivant toute vraisemblance, pénètrent par le nord dans ce nouveau monde qui sera, bien des siècles plus tard, l'Amérique. Pendant que les insoumis, sans oublier la patrie norrique, restent éloignés d'elle, des événements décisifs s'accomplissent en Norvège. Au onzième siècle, Olaf Trygveson, puis Olaf II, la christianisent. Magnus, fils d'Olaf II, monte sur le trône, et la dynastie des rois norrois de source norroise se continue jusqu'à la mort de Hakon VII. Alors un enfant de trois ans, Magnus Erikson, réunit sous un même sceptre toute la péninsule, mais la Norvège recouvre bientôt son indépendance. Magnus Erikson la cède à son fils, Hakon VIII. Après la mort d'Olaf V, fils de Hakon, la veuve de ce dernier, Marguerite, fille du roi Waldemar IV, de Danemark, devient reine des deux pays (danois et norvégiens), puis, en 1397, quand le roi de Suède, Albert de Mecklenbourg, gendre de Magnus, est vaincu par les Danois à Folköping et

---

(1) L'importance de la marine marchande norvégienne est considérable, étant donné le chiffre peu élevé de la population. Cette marine marchande occupe, par son tonnage, le troisième rang en Europe, et le quatrième dans le monde entier. On sait que l'Angleterre vient en premier lieu, puis les Etats-Unis et l'Allemagne, ensuite la Norvège. La France n'arrive qu'après ! (C.-S.)

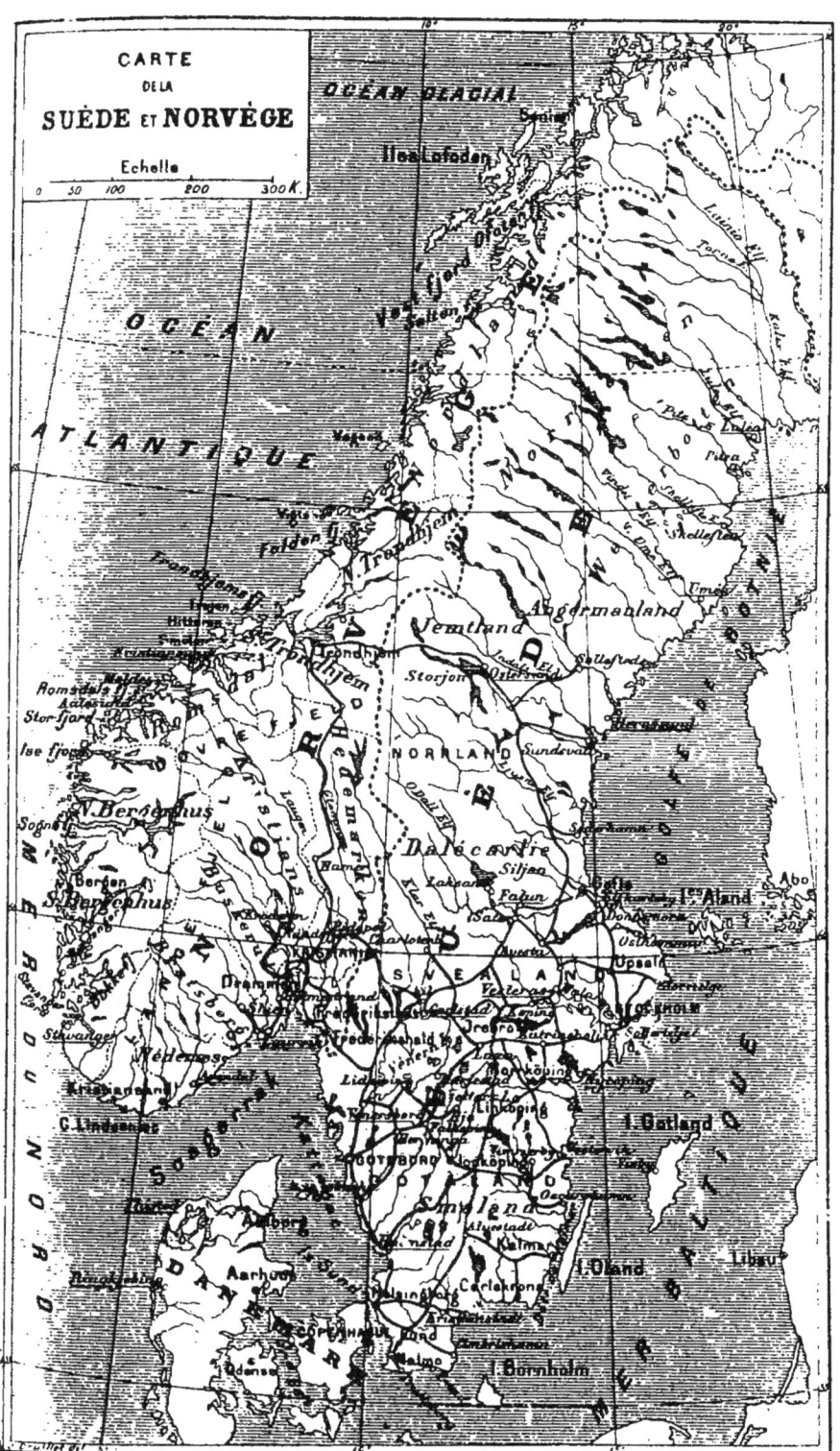

CARTE DE LA SUÈDE ET DE LA NORVÈGE.

détrôné, l'Union de Calmar la met en possession des trois couronnes scandinaves. A partir de cette époque, et durant plus de quatre siècles, la Norvège n'est plus qu'un pays conquis, subjugué, pillé. En vain elle s'efforce de s'affranchir. En 1814, par la paix de Kiel, elle échoit à la Suède. Une révolution amène l'avènement du prince héritier danois, Christian (depuis Christian VIII), qui donne aux Norvégiens, par le pacte d'Eidsvold, la constitution autonome, respectée, avec quelques modifications, par la Suède, quand celle-ci, sous Charles XIII, redevint maîtresse des deux royaumes. Charles XIV (Bernadotte) tenta d'opérer entre les deux pays une fusion plus étroite, mais dut y renoncer, et ses successeurs, Oscar I, Oscar II, échouèrent de même dans ce dessein. Aujourd'hui, l'union est combattue sans relâche par le parti norvégien autonomiste, et si la scission réclamée ne s'est pas encore réalisée, l'avenir l'inscrit certainement dans son programme.

Il y a, en effet, entre les deux pays, Suède et Norvège, un antagonisme irréconciliable. Les deux langues, quoique issues de la même origine germanique, ne sont pas les mêmes, et, pour les peuples du Nord, la langue est toute la nation. En outre, les idées, les aspirations divergent considérablement. La Suède, très conservatrice, ne pense point, en politique, comme la Norvège, très radicale; Stockholm diffère autant par l'esprit et les tendances de Christiania, que Londres de Paris. Les Norvégiens, républicains, de nature indépendante, ne sympathisent point avec les Suédois, en qui ils ne voient que des adversaires de leurs convictions. En outre, les opinions religieuses les divisent profondément.

**

La Norvège, par ses sites sauvages, par ses beautés naturelles, attire les visiteurs, mais ils ne s'y rendent, à vrai dire, que depuis peu d'années. Le renom universel donné à la littérature norvégienne par ses grands écrivains, Ibsen, Björnstjerne Björnson, Jonas Lie, Alexandre Kjelland, a fixé les regards de l'Europe sur le pays des fjords (1). On veut le voir de plus près, l'étudier chez lui. Et, en réalité, il y en a peu qui présentent plus d'intérêt à l'observateur. Cette terre, restée pendant des milliers d'années sans doute sous les neiges comme le Groenland, ne s'est dégagée de son linceul qu'avec le concours des hommes et de la nature. Les glaciers, dans leurs avalanches, y ont creusé des fonds de vallées devenues des bassins où les sondages sont de six à sept cents mètres, et où les eaux des lacs se déversent en descendant en magnifiques cascades. D'époque en époque, les montagnes ont vu ces eaux couvrir leurs flancs, et s'élever tellement que les cimes rocheuses représentent maintenant des milliers d'îlots. Cependant, en beaucoup d'endroits, les murs de granit se dressent encore, sourcilleux, et ainsi se sont formées des routes qui constituent des passages, des fjords (car c'est là l'exacte signification du

(1) Si l'on commence à connaître en France quelques-uns des grands noms littéraires de la Norvège tout en ignorant les autres (on n'a guère traduit en français que Björnson et Ibsen), nous savons peu de chose du développement intellectuel des Norvégiens. Or, ce développement est remarquable à tous égards. La Norvège est tellement en progrès sous le rapport de l'instruction publique, qu'on n'y compte, pour ainsi dire, pas d'illettrés. Le contraste est frappant avec la Russie, où sur cent conscrits il y en a encore soixante-dix qui ne savent ni lire ni écrire. (C. S.)

BERGEN.

mot) permettant aux navires, aux embarcations, d'arriver jusqu'au cœur même du pays. Une des particularités des aspects norvégiens, c'est que, contrairement aux Alpes, qui frappent par leur hauteur, ils s'étendent ici horizontalement, et ces vastes étendues horizontales créent deux particularités : d'abord les champs de neige à perte de vue (les *fonds*), ensuite la multiplicité presque innombrable des chutes d'eau. Parmi ces « fonds », les plus remarquables sont : le Folgefond, près de Hardanger, le Justedalsbrà et le Svartisen (neige noire). C'est un des sports les plus recherchés par les Norvégiens et les étrangers qu'une course téméraire dans les « fonds », semblables, en leur milieu, à des barques renversées. Et la témérité est souvent telle que l'audacieux y perd la vie.

Aussi un voyage dans les fjords de Norvège est-il extrêmement passionnant; tout y tient, au reste, du fantastique et de l'imprévu. Ajoutons qu'il existe jusqu'ici, en français, très peu de descriptions exactes de ces régions si captivantes. M. Albert Vandal (1) est un des premiers qui les aient vues, il y a vingt ans, quand elles étaient encore presque ignorées des touristes. On peut dire qu'il ne s'est pas contenté de les traverser. Rien ne lui a échappé. Avec son compagnon de voyage, Adrien Lannes de Montebello, il a suivi les routes en karriole, les fjords en bateau, et il a noté, d'étape en étape, ses impressions. C'est à ce récit de voyage en Suède et en Norvège qu'il faut recourir encore maintenant pour se faire une idée vraie de ce panorama se déroulant de Stockholm, la ville des Français du Nord, par Upsal, par Falun et la Dalécarlie, à travers Trondjhem, le Dovrefjeld, Bergen, le Sogne, le Hardanger, Odde et cette contrée de Thelemarken où tout était encore à découvrir en 1876, et où bien des coins demeurent entièrement mystérieux. De Kongsberg à Christiania, les surprises se continuent, et elles ne sont pas moins attachantes de la capitale norvégienne à la capitale danoise, Copenhague, l'île flottante avec, dans son voisinage, à une demi-heure de trajet de chemin de fer, Helsinor, que nous nommons Elseneur, et que Shakespeare a rendu immortel; Elseneur, où est le tombeau, vrai ou supposé, de Hamlet, baigné par les flots du Sund qui bercent nos souvenirs.

Le récit de M. Vandal a tout le charme des choses vues. Il est d'un peintre et d'un poëte. Exempt de cette lourdeur que l'on rencontre presque à chaque page dans l'ouvrage de Broch, généralement consulté (*Le royaume de Norvège et le peuple norvégien*), il plaît autant qu'il instruit. On ne peut lui comparer que les pages saisissantes des écrivains norvégiens, Kjaer, Passarge et Madeleine Thoresen. En le lisant, il semble que l'on entende les vers célèbres de Björnson :

> Là-bas est le pays : sous la neige éternelle
> Une rare verdure y pare les rochers;
> Mais le flot y mugit, bravé par les nochers,
> Et c'est pour ses enfants la terre maternelle.

Charles SIMOND.

(1) M. Albert Vandal est l'éminent académicien qui s'est placé au premier rang parmi nos historiens du premier Empire. Son voyage, auquel nous empruntons les pages qu'on lira plus loin, a pour titre : *En karriole, à travers la Suède et la Norvège*. (Paris, librairie Plon.)

VUE DU THELEMARKEN.

LES FJORDS DE NORVÈGE

I

DE BERGEN AU THELEMARKEN.

Bergen a été nommée par les poètes du Nord la cité des fjords : jamais nom ne fut mieux mérité. Assise elle-même au fond d'un golfe, Bergen voit s'ouvrir à ses côtés les plus vastes et les plus beaux fjords de la Scandinavie ; elle occupe le centre de cette région étrange où la terre et l'Océan semblent se disputer l'empire, où la côte, blessée par de profondes entailles, projette à son tour, au milieu des flots, des caps incessamment battus par la tempête, et jette des môles naturels longs de plusieurs milles dans cette mer du Nord pleine de menaces et de terreurs.

Les fjords proprement dits varient à l'infini, de forme, d'étendue et d'aspect. Tantôt perpendiculaires à la mer, tantôt parallèles ; tantôt troublés comme l'Océan, tantôt paisibles comme des lacs, ils découpent le rivage en tous sens et font ressembler la carte de Norvège à un drapeau déchiqueté par la mitraille. Parfois, le fjord se borne à échancrer le rivage comme un golfe vulgaire, ou présente l'aspect d'une rade fermée, et communique avec la mer par un étroit goulet. Plus souvent, le fjord est une fissure qu'on dirait ouverte dans le roc de la côte par quelque instrument tranchant ; un bras de mer s'enfonce dans ce couloir, s'allonge entre des rives escarpées et offre le spectacle d'un fleuve qui remonterait vers sa source. Quelquefois, enfin, le fjord est tour à tour mer intérieure, fleuve resserré, lac aux eaux calmes, comme le Sognefjord, comme le Hardangerfjord, vastes entailles qui s'ouvrent, l'une au nord, l'autre au sud de Bergen, se divisent à l'infini, pénètrent en tous sens les districts de Bergen et de Voss, baignent des glaciers, s'égarent dans des gorges, et se glissent jusqu'au cœur de la Norvège, à soixante lieues de la haute mer.

A quel phénomène faut-il attribuer ces curieux accidents géographiques, si fréquents en Norvège ? L'Islande a également ses fjords, l'Ecosse en montre quelques-uns sous le nom de *firths*, mais sur de moins grandes proportions et avec un cachet moins accentué. Sont-ce les flots de la mer du Nord qui, sous l'action des tempêtes perpétuelles, se sont creusé au milieu des terres ces profonds refuges ; sont-ce les mille torrents de la montagne qui, grossis et réunis, ont formé ces réservoirs intérieurs ; est-ce plutôt quelque secousse volcanique qui est venue bouleverser le littoral norvégien, séparer brusquement les montagnes, déchirer les côtes et ouvrir passage aux flots de l'Océan jusqu'au fond des vallées les plus reculées ? Sur ce point, entre géologues et géographes, la discussion continue. Le touriste profane n'a point à se prononcer ; il peut à peine résumer les débats et se contente d'aller chercher dans les replis du Sogne ou Hardangerfjord des aspects et un pittoresque qu'aucune région ne saurait lui offrir dans notre vieille Europe.

Partis de Bergen sur un paquebot adapté spécialement à la navigation des fjords, nous remontons la côte pendant quelques milles dans la direction du nord et nous nous enfonçons dans le Sogne, qu'on a surnommé le plus norvégien des fjords. Ce qui le caractérise, en effet, c'est la grandeur et la tristesse dans la grandeur. Sa forme ne saurait être comparée qu'à celle d'un immense mille-pattes, étroit et démesurément long ; il projette des bras innombrables que nous voyons s'enfoncer et se perdre au milieu des falaises à pic. Le Sogne n'a point de rives, à proprement parler ; ses flots ne viennent pas mourir sur une surface inclinée, en laissant sur le sable une frange argentée ; éternellement ils s'élèvent contre une paroi abrupte et retombent en gémissant.

Dans cet austère tableau, comme souvent en Norvège, point de premier plan ; l'œil se heurte tout d'abord à une ligne infranchissable de rochers à pans taillés, à des cônes aigus pressés les uns contre les autres. Leurs sommets arides se profilent par des lignes vivement accusées, mais leurs flancs ne s'ouvrent jamais sur des échappées reposantes, sur des perspectives où le regard plonge et se perd. Tout est beau, tout est grand, mais l'air manque dans ce paysage, on se sent comme emprisonné, on étouffe. Lorsque les parois rocheuses qui bordent le fjord viennent à s'écarter, l'œil s'arrête de nouveau sur des surfaces escarpées, mais éclatantes de blancheur et sillonnées de glauques crevasses. C'est une muraille de glace succédant à une muraille de pierre, c'est le Justedalsbræ, le plus vaste glacier de l'Europe, qui étend sur un plateau de vingt lieues sa nappe étincelante. Personne n'a jamais parcouru ce désert de glace, une triple ceinture de montagnes l'enveloppe de toutes parts : l'homme ne l'aperçoit que de loin, éblouissant et inabordable.

Notre paquebot va poursuivre sa route jusqu'au fond du Sögne; mais à mi-chemin nous le quittons. Il nous a pris fantaisie de nous enfoncer dans l'un des fjords latéraux que nous voyons s'ouvrir autour de nous, de sonder la profondeur d'une de ces impasses humides larges de trois ou quatre mètres et longues de huit à dix lieues.

Couchés dans une longue pirogue, tapissée en notre honneur de feuilles de bouleau, nous suivons le Nœrofjord, fils du Sognefjord, mais plus sauvage et plus encaissé. C'est un chenal étroit, taillé dans le roc : l'immensité des pics

NORVÉGIEN DU SŒTERDAL (COSTUME NATIONAL).

qui le dominent le fait paraître plus étroit encore et ajoute à la sombre grandeur de l'aspect. Longtemps nous nous retournons pour chercher derrière nous les blancheurs du Justedal, seul point brillant au milieu du noir tableau qui nous entoure : à l'un des coudes du fjord, le Justedal disparaît. Des cimes pelées, des mornes dénudés de la base au sommet, des remparts de rochers hauts de huit cents pieds, nous pressent de tous côtés et nous couvrent de leur ombre. Parfois le fjord n'est plus qu'un couloir tellement resserré que nous pourrions toucher de la main l'une et l'autre paroi : plus loin il s'élargit un peu et s'endort dans quelque cirque autour duquel des montagnes rangées en cercle forment entonnoir, ou se dressent perpendiculairement, comme les murailles d'un puits cyclopéen. Du haut de cette enceinte naturelle, des torrents tombent sur nos têtes; mais avant de nous atteindre, ils se sont évanouis en vapeur. Dans le Nœrofjord, les cascades sont muettes et leur murmure ne vient pas interrompre le lugubre silence de la nature.

Le voyageur peut naviguer plusieurs jours dans les replis des fjords sans qu'un coin de terre vienne reposer sa vue. En vain soupirons-nous après la terre, comme le matelot perdu sur l'Océan : partout le roc nu, noir et humide, affectant les formes les plus diverses, se fendant en crevasses, se dressant en tours, avançant des angles aigus comme des fortifications régulières et suspendant sur nos têtes des corniches menaçantes. Quelle est donc cette eau immobile et sombre sur laquelle nous glissons sans bruit comme des ombres ? Ce n'est pas un fleuve, ce n'est plus un golfe, ce n'est point un lac. Aucun courant ne trouble sa noire placidité : un rayon de soleil ne l'a jamais égayée ; elle semble vouloir se dérober au jour et chercher les ténèbres dans les entrailles de la terre. Pourrait-on se figurer sous un autre aspect ces fleuves infernaux qui, suivant la Fable, s'enroulent sept fois autour des demeures de Pluton ? Pour compléter l'illusion, nous voyons un bloc immense, dressé devant nous comme un bastion, s'embraser soudain : le couchant l'empourpre dans ses derniers feux, et nous songeons aux murailles d'airain incandescent qui protègent la cité maudite. Mais ce n'est pas Caron qui conduit notre barque : pour nautonier, nous avons une vigoureuse Norvégienne, haute en couleur et fortement musclée. Son aspect est dur, son silence de mauvais augure. Faut-il croire que Caron a pris sa retraite et que son épouse continue son commerce?

Notre esquif atterrit à une crique solitaire où viennent mourir les derniers flots du Nœrofjord : Mme Caron saute à terre et nous mène à sa demeure. O déception! son époux est un blond Norvégien à physionomie placide : nous le surprenons en train de procéder à une cuisine qui n'a rien d'infernal. Il nous offre l'hospitalité; malheureusement ses ressources ne paraissent pas à la hauteur de sa bonne volonté. Les aubergistes de Bergen nous avaient prévenus que le pain nous ferait défaut dans notre excursion; nous avions cru à une tromperie intéressée. Hélas! il nous faut rendre justice à la véracité de nos hôtes, il nous faut maudire notre incrédulité quand notre hôte dépose devant nous deux galettes sèches et cassantes, dont la consistance et le goût rappellent le carton à s'y méprendre, et où s'incrustent de nombreux brins de paille dessinant dans la pâte de capricieuses arabesques. L'appétit, a-t-on dit, est le meilleur des condiments. Nous allons attaquer nos galettes, quand l'amphitryon nous arrête d'un geste indigné : sur cette pâtisserie primitive, qui remplace à la fois le pain et la vaisselle, il dépose des tranches de garenne fumé et de saumon grillé : l'assiette pourra seulement nous servir de dessert.

A l'extrémité de chaque fjord s'ouvre une gorge étroite qui paraît en être le prolongement. Le Nœrodal succède au Nœrofjord et laisse à peine à notre karriole un étroit passage entre les montagnes perpendiculaires qui l'étreignent de toutes parts. Les débris des avalanches nous barrent le chemin ; il faut que le voyageur soulève son léger véhicule pour lui faire franchir ces barricades naturelles. Bientôt une muraille à pic nous arrête et semble fermer l'impasse ; cependant un lacet étroit serpente le long de ses parois, s'accrochant aux aspérités du roc : c'est la route. A droite et à gauche s'ouvre un abîme, et dans chacun d'eux vient se précipiter un torrent d'une hauteur de plus de douze cents pieds. Nous nous élevons entre deux cataractes rivalisant de fureur et couvrant l'étroit sentier d'un nuage humide.

Parvenus au point culminant, nous nous retournons : derrière nous et à nos pieds, c'est un chaos de sommets arides, de croupes tourmentées, de ravines tortueuses où rampent les derniers replis du fjord. On dirait quelque paysage lunaire, quelque coin d'une planète dévastée que la vie végétale et animale ont abandonnée. Nulle trace d'habitation ; nous contemplons un désert rocheux que l'homme fuit comme les sables africains ou les steppes de la Mongolie.

Point de désert sans oasis. Sortis du Nœrodal, nous voyons le paysage se transformer, la contrée s'animer, la végétation renaître ; le murmure des ruisseaux succède au mugissement des torrents. Une riche couronne de forêts s'étend sur les montagnes et en adoucit les contours. Si des sommets neigeux apparaissent encore, c'est à l'horizon, comme fond de tableau. Voici un vrai lac épanoui au soleil, avec ses eaux miroitantes et ses rives couvertes d'une opulente verdure ; il baigne Vossevangen, bourgade, ou plutôt réunion de métairies groupées autour d'une église.

*
* *

Vossevangen occupe le centre de l'isthme qui sépare les deux grands fjords de Sogne et de Hardanger. Leur longueur est à peu près la même, mais leur caractère est tout différent : le Hardanger est entouré également de hauts sommets, portant leur couronne de glaciers, mais les déchirures de la montagne et les rives abritées du fjord offrent mille paysages d'une grâce reposante. La beauté du ciel, la tiédeur d'un soleil d'août ajoutent peut-être à cette heureuse impression. La variété des scènes est si grande qu'il nous semble parfois que, immobiles au milieu d'un lac, nous voyons se dérouler une succession de décors magnifiques.

De riches métairies s'échelonnent sur les bords du fjord. Devant chacune d'elles, notre navire fait une courte halte. Tout un peuple d'enfants, des gamins à peu près nus, des fillettes aux traits purs et au teint éblouissant, sont groupés autour du débarcadère et semblent nous attendre avec impatience. Un seul des passagers du steamer met pied à terre; c'est un homme à l'air grave, portant sous son bras un gros livre et un pliant. Les enfants l'entourent aussitôt; il les range en cercle, s'assied sur son pliant,

LE JORDAL, DANS LE NŒRODAL.

ouvre son livre, s'adresse tour à tour à chacun des enfants et lui fait réciter une leçon. Notre homme est un maître d'école ambulant. En Scandinavie, où les habitations se dispersent au milieu d'immenses déserts, où certaines paroisses sont plus grandes qu'un royaume d'Allemagne, c'est le professeur qui va trouver ses élèves, qui court de gaard en gaard, en karriole, en bateau ou en traîneau. Pour aller à l'école, les jeunes Norvégiens devraient emprunter les bottes de sept lieues.

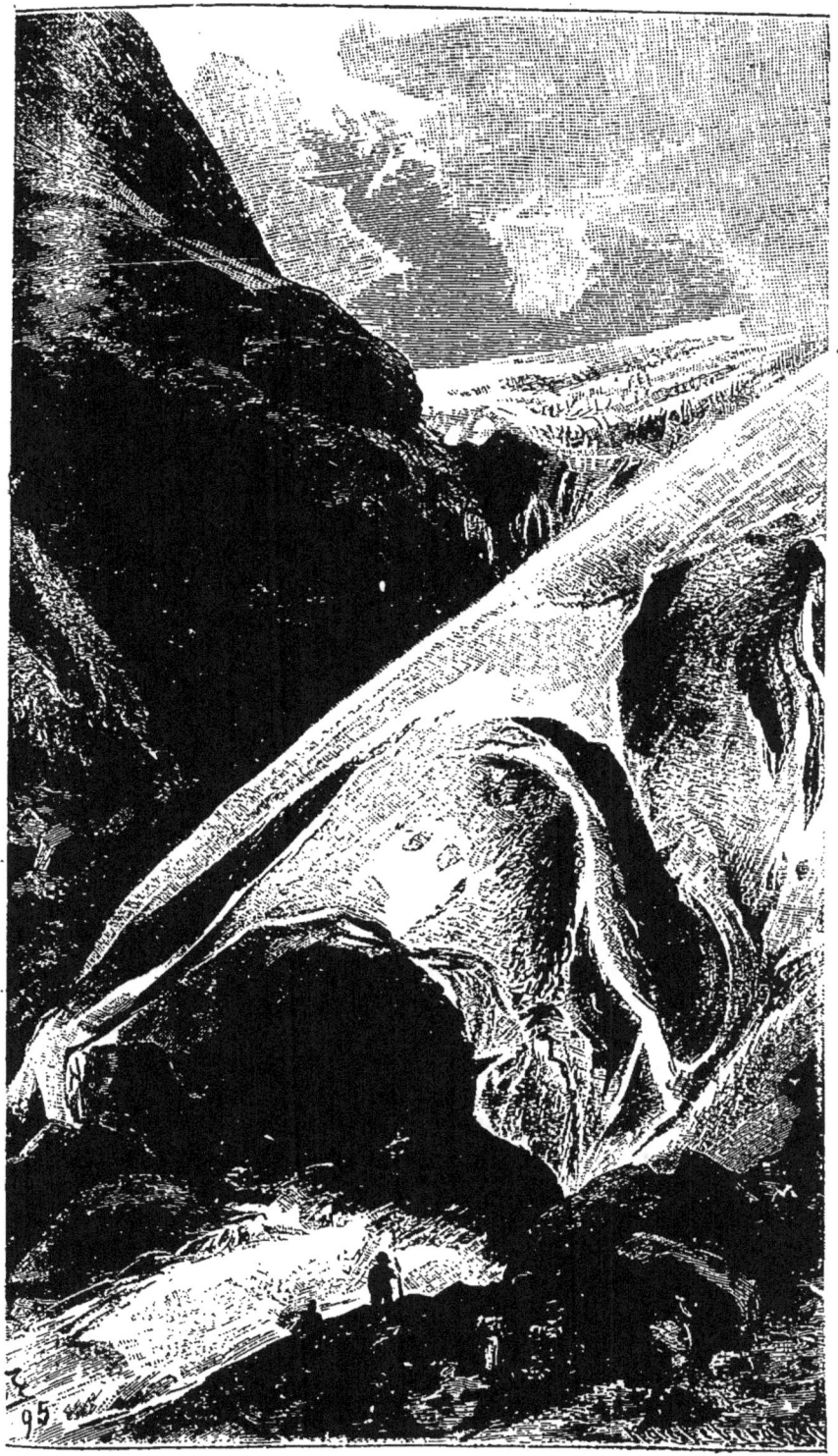

LE BUERDRŒ.

***

Odde se cache au fond du Hardangerfjord : c'est l'Interlaken norvégien. Aux environs, le touriste admire un glacier, le Buerbrœ, plus imposant que le Grindelwald, visite une cataracte, le Skeggedalfoss, près de laquelle le Staubach et la Giesbach ne sont que des cascatelles, et du haut des crêtes du Folgefond et du Hardanger-Jokulen découvre soixante lieues de montagnes, de glaciers et de neiges éternelles. C'est à Odde que nous avons élu domicile pour quelques jours, au milieu d'une bande d'excursionnistes intrépides. Oh! les bonnes journées de marche au grand air et de courses aventureuses! De grand matin nous partons; bientôt nous nous élevons le long des rampes qui dominent le Buerbrœ. Le bruit monotone et éternel du glacier en travail parvient jusqu'à nous; parfois aussi, de subites explosions se font entendre, et nous voyons des pierres, des quartiers de roche, jaillir du fond des crevasses, violemment projetés dans les airs. Nos guides n'approchent du Buerbrœ qu'avec terreur; ils supposent au glacier une vie propre, une puissance mystérieuse et malfaisante; ils nous racontent qu'ils l'ont vu depuis leur enfance descendre lentement des sommets du Folgefond, se creuser un lit entre les rochers, qu'il continue sa marche, s'est avancé de trente mètres en trois ans et menace d'engloutir la vallée. Sur ses bords croît une végétation particulière, brillante et empoisonnée; l'aconit pousse ses touffes pâles, la belladone rougit les buissons de ses baies écarlates, et nous rapportons, en souvenir de notre visite au monstre, un bouquet de poisons.

Le lendemain, c'est une visite à la cataracte, une ascension qui se termine en escalade; des pentes abruptes à gravir, des abîmes vertigineux à côtoyer, puis comme récompense un spectacle féerique : trois ou quatre torrents gros comme des rivières tombant ensemble d'une hauteur de mille pieds dans une vasque qui est un lac, et confondant leurs eaux, leur écume, leurs mugissements et leur furie. Voilà un spectacle que la Norvège seule peut offrir, avec ses trente mille lacs, ses montagnes hautes comme les Alpes et ses torrents dont le moindre est large comme un fleuve de Suisse.

La cataracte de Skeggedalfoss a pour rivale celle de Rjukanfoss (chute de brouillard), que nous vîmes dans le Gausta-Fjeld, non loin de la ville de Kongsberg; le volume d'eau précipité est comparable à celui du Rhin à Schaffouse, mais la cascade a sept cents pieds d'élévation au lieu de quatre-vingts : qu'on se figure le Rhin tombant à Laufen d'une hauteur neuf fois supérieure.

En Norvège, le touriste n'a pas à se détourner de sa route pour chercher des cascades, des rochers, des glaciers, des points de vue, tous ces accidents naturels qui sont en voyage les points de repère de l'admiration; la nature les lui montre à chaque pas, les échelonne au hasard avec une inépuisable fécondité.

Il nous souvient, dans une course de trois heures entreprise sans but aux environs d'Odde, d'avoir rencontré sept cascades qui ne figurent sur aucun guide, et qui, dans tout autre pays, seraient assurément devenues le but d'une excursion, seraient classées, cataloguées, photographiées, recommandées à l'attention des touristes, gardées à vue par une vingtaine de guides et éclairées le soir à la lumière électrique !

C'est au fond du Hardangerfjord que devrait s'ouvrir la route directe de Christiania à Bergen; malheureusement cette route n'existe pas. Il est plus rapide et plus facile d'aller de Christiania à Trondjhem et peut-être même à Bodo, sous le cercle polaire, que de la capitale de la Norvège à la première ville commerçante du pays. C'est que Bergen et Christiania se sont voué une haine de rivales. L'antique fille de la Hanse ne pardonne pas à Christiania son élévation récente, elle traite volontiers en parvenue la métropole officielle, qui envie à Bergen la prospérité de son négoce. Aussi les relations sont-elles froides et les visites rares. Faute de routes carrossables, c'est à cheval, sur ces poneys norvégiens aussi sûrs et plus dociles que les mulets de l'Helvétie, qu'il nous faut quitter Odde et franchir pour la seconde fois les Alpes scandinaves.

**

Le passage du col de Roldal est long sans être intéressant. C'est sur les bords des fjords, près de la mer du Nord, dans les gorges qui viennent y aboutir, qu'il faut contempler et admirer la nature norvégienne dans toute son originalité. En s'élevant, on atteint une région âpre, désolée, sans caractère, qui présente auprès de Roldal l'aspect d'une plaine neigeuse, parsemée d'éminences noirâtres.

Partis de grand matin, nous étions à midi au sommet du col. Depuis le départ, nous n'avions rencontré d'autres humains qu'une famille de bergers, fabricants de fromages de père en fils. D'immenses cuves de lait caillé encombrent leur cabane, et ils nous avaient gracieusement offert de tremper, dans une jatte de crème exquise, la galette poussiéreuse que nous grignotions avec résignation. Au sortir de ce chalet hospitalier, nous voyons deux silhouettes de cavaliers se dessiner au sommet d'une colline ; nous les avons bientôt rejoints. L'un des voyageurs est petit, replet, rubicond, déjà sur le retour ; l'autre est jeune, mince, trop grand pour le poney qu'il monte ; ses longues jambes traînent à terre, et il est forcé à tout moment de les relever brusquement pour éviter un rocher ou une motte de terre. Le jeune homme nous adresse la parole en norvégien d'abord, puis en allemand. Il nous annonce qu'il étudie la théologie à l'Université de Christiania, et qu'il se

FIANCÉE NORVÉGIENNE.

destine à l'état ecclésiastique; il voyage pendant les vacances pour faire son apprentissage, et parcourt les cités et les campagnes, les fjelds (1) et les fjords pour trouver des occasions de prêcher. Son compagnon est docteur et l'accompagne pour l'encourager, lui

(1) Montagnes.

LE NŒRODAL.

fournir au besoin des sujets de controverse ou redresser ses erreurs. Le jeune clergyman apprend que nous sommes Français. Aussitôt il lève les yeux au ciel, prend un air inspiré, se retourne sur sa selle et commence un sermon en quatre points. « La France a souffert, dit-il, la France a été frappée, car elle a perdu la foi. Paris est une Babylone, et toute Babylone sera châtiée, comme a dit Luther. » — « Détrompez-vous, interrompons-nous brusquement; les Français ne sont pas des mécréants, ils sont de très bons catholiques. » Cette affirmation arrête net notre zélé protestant; nous l'accompagnons d'un vigoureux coup de talon dans les flancs de notre monture; la bête prend le galop, pour la première fois de sa vie peut-être, et nous voyons de loin notre théologien ambulant développer à son compagnon le reste de son homélie.

Cependant la végétation reparaît, nous traversons ce qu'au sommet des Alpes scandinaves on appelle une forêt : des sapins viennent à l'épaule de nos chevaux, quelques arbres séculaires nous écorchent le genou. Bientôt de maigres bouleaux se tordent le long du sentier, tourmentés par la bise. O bonheur! après douze heures de cheval, voici une route carrossable, récemment construite, et qui doit se prolonger dans quelques mois jusqu'aux rives du Hardanger. Une karriole abandonnée semble attendre le voyageur. Notre guide s'en empare sans façon, attelle l'un de nos chevaux, attache les autres derrière le véhicule, et nous faisons ainsi notre entrée dans la province de Thelemarken. Le paysage s'est modifié, il est devenu riant et gracieux, et, après avoir traversé les Alpes, il nous semble achever notre journée dans quelque pittoresque vallée des Vosges, ombragée de collines verdoyantes et bigarrée de prairies.

II

LE THELEMARKEN.

Le Thelemarken est un coin de la Norvège inconnu des touristes. Les Anglais vont au cap Nord, aux îles Lofoden, ils n'ont pas encore découvert le Thelemarken, peut-être parce qu'il est moins éloigné de leur pays que le Norrland ou le pays des Lapons. Aussi les mœurs du passé se sont-elles réfugiées dans cette vallée, emprisonnée de toutes parts entre de hautes montagnes, et qui présente un curieux échantillon de la Norvège d'il y a deux siècles : costumes, mœurs, caractères, tout y a une saveur primitive.

Nous franchissons le seuil d'un gaard; comme sièges, nous ne trouvons que des troncs d'arbres dont la partie supérieure, grossièrement évidée, forme dossier : sur une table composée d'un tronc plus gros s'étalent des plats, des assiettes, des écuelles en bois de frêne, sculptés et peinturlurés. Meubles et murailles ont pour ornement des devises, des sentences morales, des versets de la Bible, écrits en scandinave et parfois en latin. Autour d'une jatte destinée à recevoir du lait s'enroule cette légende : « Bois, et remercie Dieu. » Au fond d'un plat de bois nous lisons ces paroles du Psalmiste : « Mange avec ton ami; laisse manger ton ennemi. » Au-dessus de la porte : « Si le Seigneur ne garde point la maison, celui qui la garde veille en vain. » Et sur le ciel de lit : « L'homme sème. Dieu fait prospérer la moisson. »

Hélas! ce lit était le seul de l'habitation; il recevait le père, la mère et une demi-douzaine d'enfants. On nous promet à Haukelid, à quelques milles plus loin, un gite moins primitif; malgré l'heure avancée, il faut continuer notre route, guidés par un gamin de quatre ou cinq ans : la taille de l'enfant est serrée par une forte ceinture de cuir où pend un poignard nu.

Tous les habitants du Thelemarken portent une arme semblable et en jouent avec dextérité. Point de pays pourtant où les routes soient plus sûres qu'en cette partie de la Norvège; le vol, le guet-apens y sont aussi rares que les rixes y sont fréquentes. Trop souvent encore les gaards du Thelemarken sont le théâtre de ces sanglantes tragédies que les Norvégiens appellent « duel au couteau ». Après une provocation en règle, les adversaires et leurs témoins sont enfermés dans une salle. Avant le combat, l'un des champions enfonce de toute sa force son stylet dans une table ou dans la muraille. Puis la lame est entourée de bandelettes de cuir jusqu'à l'endroit où le fer a pénétré dans le bois; de cette manière chacun des champions ne pourra pas entailler plus profondément le corps de son adversaire que la planche où il a essayé son arme. C'est la règle unique du combat. Les ennemis sont attachés l'un à l'autre par la ceinture, et la lutte commence. Elle continue jusqu'à ce que l'un d'eux, criblé de blessures, épuisé par la perte de son sang, ne pouvant ni fuir, ni se séparer du vainqueur, tombe mourant dans les bras de son meurtrier.

Après un long crépuscule, nous nous apercevons tout à coup qu'il fait nuit. C'est la première fois depuis six semaines que nous éprouvons la sensation de l'obscurité : nous sommes à la fin de juillet, les jours sont moins longs, et d'ailleurs chaque tour de roue nous rapproche du Sud. Nous saluons les étoiles comme d'anciennes connaissances longtemps absentes. Bientôt la lune se lève dans un ciel sans nuages, et répand une clarté douce, mais plus vive que le demi-jour incertain du crépuscule boréal. La Norvège au clair de lune, c'est pour nous une révélation. Les rayons jettent sur les lacs des reflets satinés, les bois de sapin ont un aspect étrange, fantastique, et découpent des ombres dentelées sur le tapis des mousses et des lichens; les sommets lointains sont noyés dans une lueur bleuâtre, la nature entière s'enveloppe de poésie et de mystère; je me rappelai alors cette parole de l'un des écrivains qui ont le mieux connu et décrit ces contrées : « Les nuits du Nord « sont au jour ce que la perle est au diamant; moins d'éclat et « plus de charme. »

Cependant la route s'allonge, notre impatience croît. A chaque groupe de maisons, à chaque gaard, nous croyons toucher au but; chaque toit que nous voyons apparaître au loin, argenté d'un rayon, doit s'appeler Haukelid. Mais notre cheval passe outre, le terme du voyage recule, notre gamin lui-même ne paraît plus très sûr de la route, et aux questions que nous lui adressons, il répond par un regard désorienté !

JEUNE FILLE DU HARDANGER
EN COSTUME NATIONAL.

Avons-nous quitté le chemin ? Sommes-nous égarés ? Tournons-nous le dos à Christiania et revenons-nous au pays des fjords ? Tandis que nous nous posons ces questions peu rassurantes, nous voyons tout à coup se dresser à peu de distance, au bord du sentier, une masse étrange, noire, immobile, grande comme un monument, effrayante comme un monstre. On dirait une carapace immense, luisante d'écailles, bossuée, hérissée de longs bras qui se terminent en têtes grimaçantes. Notre jeune postillon ne paraît pas ému, il nous montre un gaard qui apparaît vaguement à travers les déchiquetures du feuillage, et dit simplement : « Priester gaard », la ferme du prêtre. Ce mot explique tout : la masse étrange qui nous fait face est tout simplement une de ces anciennes églises norvégiennes dont nous avions vu des images à Trondjhem et à Bergen et dont le Thelemarken montre encore les curieux originaux. Figurez-vous un édifice en bois, trapu, à peu près rectangulaire, entouré de galeries à jour et surmonté d'un fouillis de toits ardoisés qui s'enchevêtrent, s'élèvent les uns au-dessus des autres, s'effilent en flèches, ou s'arrondissent en coupoles; de toutes les façades, de tous les angles de la construction jaillissent des gargouilles allongeant une gueule de dragon. Ces églises, d'un style vraiment national, sont vieilles de trois ou quatre siècles. Le froid du Nord, qui désagrège le pierre, respecte leurs murailles de bois. Rien d'étrange comme cette architecture désordonnée qui défie la symétrie, trouve l'effet en dépit de toute règle et dessinait à nos yeux une silhouette fantastique sur l'azur nocturne.

LE SNJOEGGEDALFOSS, DANS LE HARDANGER.

Nous frappons à la porte du presbytère; un vieillard vénérable vient nous ouvrir. Le français, l'anglais, l'allemand lui sont également inconnus; mais il est prêtre, il doit être lettré; c'est le moment de faire appel à nos souvenirs classiques et d'évoquer sous le ciel de Thulé la langue de Cicéron. Après certains efforts de mémoire et de composition, nous demandons notre chemin en latin; le pasteur nous répond dans la même langue. Il veut nous retenir et nous offre l'hospitalité; mais nos instants sont comptés, nous voulons atteindre Haukelid dans la nuit. Le prêtre nous indique la route. D'un thème improvisé, nous passons avec succès à une version mentale, et nous nous retrouvons dans le droit chemin, doublement satisfaits.

Le soleil se lève au moment où nous atteignons Haukelid. Ce gîte si ardemment désiré est une hutte qui abrite une famille et contient un lit. Heureusement, la hutte est flanquée d'une grange où nous nous étendons pour quelques heures sur le tapis moelleux des foins et des luzernes.

Le lendemain soir, notre karriole nous dépose à la porte d'une sorte de castel rustique; c'est une châtelaine qui nous reçoit, entourée d'un peuple d'enfants et de serviteurs. Notre hôtesse porte un pantalon d'étoffe noire, enveloppant la jambe, se prolongeant sur le pied et disparaissant dans un sabot sculpté; sur ce haut-de-chausse brillent d'éclatantes broderies. Une jupe courte, assez semblable à la fustanelle des Grecs, s'arrête un peu au-dessus du genou; le corsage est ouvert sur la poitrine et orné d'une double rangée de bijoux. Une ceinture multicolore s'enroule plusieurs fois autour de la taille; la coiffure est une sorte de cape retombant sur les épaules, également brodée et assortie avec le pantalon. Sur un signe de la châtelaine, on nous conduit, non plus à la chambre, mais à la maison de l'étranger; c'est un chalet s'élevant au milieu des constructions du gaard, et réservé à un usage exclusivement hospitalier. Des lits antiques surmontés de baldaquins enluminés y attendent perpétuellement le voyageur, des fauteuils plus sculptés que rembourrés lui tendent les bras, et des versets de la Bible, écrits sur les murailles en caractères gothiques, lui offrent de consolantes maximes. Des servantes s'empressent autour de nous, nous offrent tout ce dont elles disposent, sans attendre nos demandes, sans faire une question : elles obéissent au précepte que nous voyons inscrit sur la porte : « *Il ne faut pas fatiguer l'hôte que l'on reçoit; il a besoin de repos, de vêtements secs, et non d'être interrogé.* »

Il n'est pas jusqu'au jeune garçon chargé de nous accompagner le lendemain, qui n'ait sa physionomie spéciale. Son costume se compose d'un pantalon flottant, à la mexicaine, et d'une veste courte de drap blanc, ornée de passementeries vertes. Il se campe fièrement derrière nous sur une étroite traverse, anime son cheval en faisant claquer un fouet garni de grelots; puis, quand il voit son coursier lancé à fond de train, il entonne une chanson. Quelle occasion d'étudier sur le vif la musique populaire de la Norvège! Dès la première note, nous nous regardons étonnés. L'enfant continue; plus de doutes; c'est la *Marseillaise* qui retentit à notre oreille. L'hymne de 92 a pris, dans cette bouche norvégienne, un accent mélancolique, grave, une tournure de cantique. O Rouget de l'Isle, l'exportation te refait une virginité!

Par quelle infiltration mystérieuse, par quelle suite d'événements inconnus, le chant révolutionnaire a-t-il pénétré jusqu'au fond du plus primitif canton de la primitive Norvège? A ce problème nous cherchons des solutions impossibles; c'est à Christiania seulement que nous devions obtenir une explication.

Il y a cinq ans, dans les campagnes du Thelemarken, par une rigoureuse matinée de décembre, quelques enfants intrépides, sortis des fermes malgré la neige et la glace, signalaient dans le ciel un phénomène étrange : c'était une tache noire qui semblait se mouvoir et flotter au gré des vents. Cette apparition met tout le pays en émoi; les anciens s'assemblent et se consultent sur la nature du météore. Cependant la tache grossissait. On aperçut bientôt une sorte de monstre de forme arrondie, entouré de cordages, qui s'abaissait vers la terre, rasait parfois le sol, rebondissait avec fureur et entraînait dans sa course une frêle nacelle où se tenaient deux hommes à demi morts de faim et de froid. Enfin, le monstre s'affaisse expirant; les braves Norvégiens accourent, relèvent les deux hommes, les réconfortent et vont jusqu'à leur trouver un interprète. Les voyageurs aériens expliquent alors qu'ils se sont échappés en ballon d'une grande ville assiégée, pour porter à la France et au monde des nouvelles de Paris. Le vent les a poussés, en vingt-six heures, des rives de la Seine sur le Lijfield, en Norvège. Le courage des aéronautes, la sympathie qu'éveille le nom de la France chez tous les peuples scandinaves, enthousiasment les paisibles habitants du Thelemarken. Jusqu'à Christiania, le voyage des deux Français fut un triomphe. Au milieu des ovations, ils chantèrent l'hymne patriotique qui était alors dans toutes les bouches, et voilà comment la jeune génération du Thelemarken chante la *Marseillaise*.

Parvenus au sommet de la montagne de Mehejen, nous voyons à nos pieds la ville de Kongsberg, dont les mines d'argent fournissent à la Norvège entière ses species, ses marks et ses skillings. La civilisation reparaît à nos yeux sous l'image d'un embarcadère de chemin de fer situé au milieu du groupe de maisons et d'usines qui forment la cité industrielle. Adieu la karriole qui a secoué nos pérégrinations et qui les a émaillés de tant d'incidents pittoresques; adieu cet imprévu qui est le charme du voyage et l'aliment de la bonne humeur : nous repassons sous l'empire discipliné de la vapeur. Au moment où nous entrons en ville, la nuit est tombée, mais le ciel reste vivement éclairé du côté du nord. Peu à peu un faisceau de fusées s'élève lentement de l'horizon, s'épanouit comme un éventail qui s'ouvre et inonde le ciel d'une blanche clarté, c'est un commencement d'aurore boréale, c'est comme un adieu que nous envoient ces régions du Nord que nous allons quitter. Mais bientôt la gerbe lumineuse pâlit, l'apparition s'évanouit, le phénomène avorte, et je me prenais à songer que si aujourd'hui, le Nord nous refuse le plaisir de contempler une aurore boréale dans toute sa beauté, le ciel du Midi m'en offrit une, il y a quelques années, sur les bords de l'Adriatique, à Venise, où je n'étais pas

LES ABORDS DU SKJŒGGEDALFOSS, DANS LE HARDANGER.

venu la chercher. Je revoyais alors les lagunes reflétant un ciel ensanglanté, et le palais des Doges, les coupoles de Saint-Marc, le

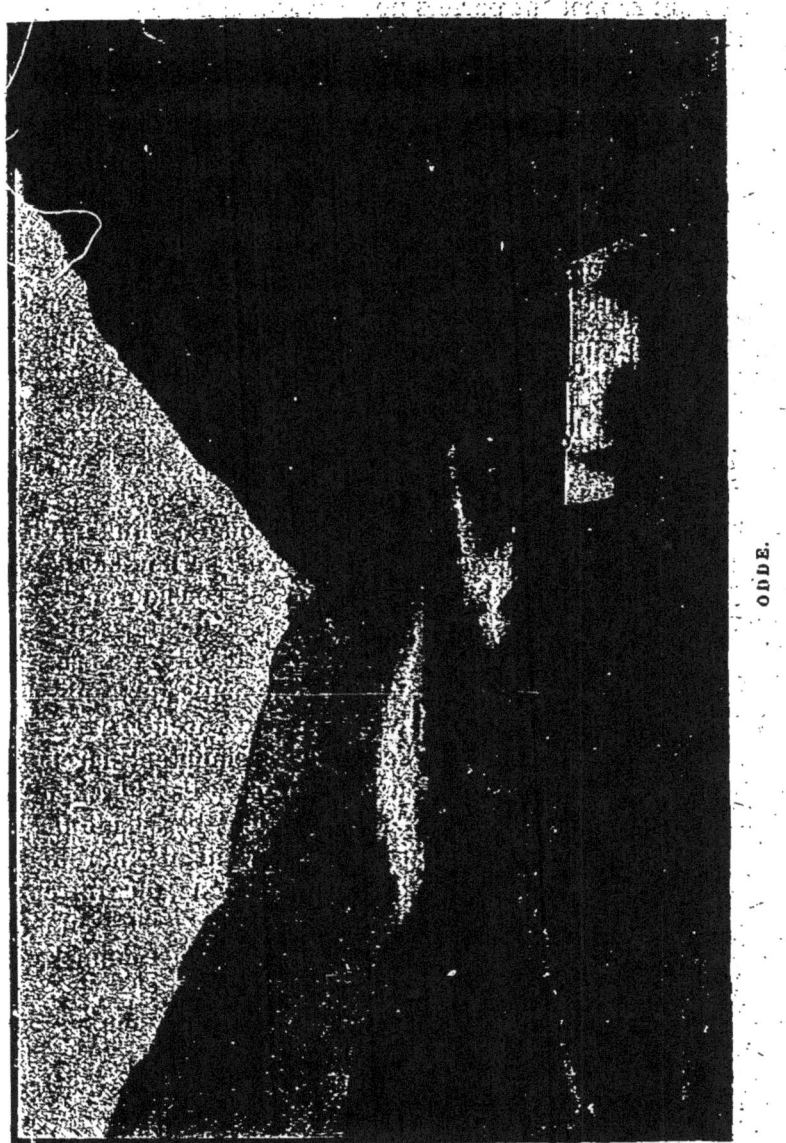

lion ailé de la Piazzetta se profilant comme des apparitions sur l'horizon en feu.

III

CHRISTIANA.

Bergen et ses parfums de morue salée, le Hardangerfjord et ses cascades de 2,000 pieds, le Thelemarken et ses costumes pittoresques, sont déjà loin de nous. Depuis deux heures, l'express de Kongsberg à Christiania nous emporte au milieu de prairies plantureuses qui rappellent parfois notre Normandie, et où la civilisation a déjà planté ses jalons, sous forme d'usines, de fabriques et de cités industrielles, telles que Drammen et Hougsund. C'est la Norvège riante succédant à la Norvège austère. Le beau fjord de Christiania nous accompagne sans cesse et semble voyager avec nous. Tantôt, au sortir d'un tunnel, nous dominons d'une hauteur de 400 pieds sa nappe bleue, échancrant gracieusement les terres, pénétrant et fertilisant une vallée; tantôt nous côtoyons ses rives bordées de pelouses fleuries, de cottages et de jardins anglais. Cependant, à notre gauche, de hautes cimes s'élèvent encore à l'horizon; elles montrent au-dessus des collines verdoyantes leur front sourcilleux, comme pour nous rappeler qu'il y a peu de jours nous parcourions la région des mers de glace et des neiges éternelles. Lorsque, à l'une des stations, nous faisons une courte halte, dans l'intervalle de deux trains, nous retrouvons bientôt des paysages alpestres, des gorges encaissées et d'élégantes cascades, qui semblent les diminutifs du Skeggedal ou du Rjukan-Fossen. L'une d'elles, près d'Hougsund, nous surprit : sa hauteur n'est que de vingt pieds, mais le volume d'eau est considérable, et un immense filet, soutenu de chaque côté par de puissants échafaudages, est tendu sous la cascade, qui décrit au-dessus sa courbe audacieuse. Ce filet reçoit par jour en moyenne quarante à cinquante saumons, dont le poids varie de six à trente livres. Pendant l'été, ces poissons, fuyant l'eau salée, remontent par milliers le cours de la rivière. Arrivés à la cataracte, ils cherchent à la franchir par un saut prodigieux. Tous tentent l'escalade de cette montagne humide, mais la plupart, ne pouvant atteindre le sommet, tombent dans la poche du filet. Quelques-uns, plus intrépides, calculent mieux leur élan et d'un bond atteignent l'étage supérieur de la rivière. Une fois sur dix, comme pour ne pas donner entièrement tort au proverbe, la fortune favorise l'audace !

Lorsque le Parisien, laissant son imagination voyager sur toutes les mers du globe, fait escale à Christiania dans ce voyage idéal, il se représente une ville perdue au milieu des frimas; il serait tenté de croire que les ours de l'océan Glacial s'aventurent parfois dans ses rues, et que les Lapons viennent camper à ses portes avec leurs rennes et leurs traîneaux. Pour nous, au contraire, descendant du cercle polaire par une ligne quelque peu brisée, Christiania nous semble la ville par excellence, l'oasis après le désert; c'est l'asile désiré où nous allons retrouver tous les raffinements de la civilisation.

Des faubourgs populeux, une gare, des omnibus, voire même des tramways, quelle nouveauté pour nous! En nous retrouvant sur des boulevards à la dernière mode, plantés de candélabres, sillonnés de voitures, nous sommes disposés à prendre Christiania pour la cité la plus animée du globe. O miracle de l'illusion ! Aujourd'hui, après avoir touché successivement Hambourg, Amsterdam, Bruxelles et Paris, la métropole norvégienne nous apparaît à l'extrémité de cette chaîne de souvenirs comme une ville froide, presque triste. C'est une capitale née d'hier, à laquelle la Norvège a donné de belles rues à angle droit, de larges places, des squares magnifiques, mais le tout sur des proportions trop grandes pour la population : on dirait un de ces enfants auxquels des parents prévoyants ont commandé un habit un peu ample en vue de la croissance. Pour juger Christiania, laissons-la grandir et emplir son vêtement.

Dans toute capitale, il est un monument qui, par sa situation ou ses proportions, s'impose tout d'abord aux regards du visiteur. C'est dans cet édifice, Louvre ou Capitole, que siège l'autorité : sous un régime monarchique, le prince y réside ; dans une république, les Assemblées y délibèrent. A Christiania, c'est le palais où se réunit le Storthing, cette Convention de paysans qui dirige à son gré les destinées du pays. En Norvège, si l'étiquette est monarchique, le gouvernement est républicain.

Nous pénétrons dans le sanctuaire législatif, et nous voyons s'ouvrir devant nous les portes de la salle où les trois cents souverains de la Norvège tiennent leurs assises. Hélas ! l'hémicycle est vide, la session est close, les législateurs ont regagné leurs gaards perdus au milieu des gorges du Dovre ou des solitudes du Norrland. Rien de triste comme une salle de parlement quand elle ne retentit plus du tumulte des discussions ni du fracas des applaudissements. C'est un champ de bataille après la bataille, où trop souvent les ministres jouent le rôle de morts. On cherche à reconnaître la position des combattants, le poste où se tenaient les chefs, excitant leurs soldats et prêts à payer de leur personne ! Rien pourtant qui semble favorable aux tournois oratoires, dans cette froide salle du Storthing ; il y manque l'élément essentiel des combats de la parole, la tribune aux harangues, ce piédestal des tribuns. Les représentants norvégiens se réunissent, non pour entendre de brillantes variations sur un thème éternellement reproduit, mais pour discuter simplement et librement des affaires du pays ; ils ne parlent pas, ils causent. Comme à Westminster, l'orateur s'adresse au président, non à l'Assemblée. Point de partis nettement définis à l'avance, point de gauche ni de droite, rivales irréconciliables qui divisent le Corps législatif et la nation en camps ennemis. Dans le Storthing, des opinions diverses se produisent sur chaque question ; elles sont soutenues avec véhémence, parfois avec passion, mais lorsque la majorité a prononcé, vainqueurs et vaincus acceptent simplement ce verdict souverain et ne retournent pas porter dans le pays le contre-coup des dissensions de l'Assemblée.

La nation norvégienne se considère comme la plus jeune de l'Europe. Son existence indépendante ne date que de 1814, et pourtant sa constitution est, après celle de l'Angleterre, la plus vieille de l'Europe : elle a soixante ans !

Jusqu'en 1814, la Norvège n'était qu'une province danoise. La Suède l'avait toujours convoitée, souvent envahie, et la réclamait comme un appendice géographique de son territoire. En 1810, Bernadotte venait d'être proclamé prince royal de Suède ; comme don de joyeux avènement, il brûlait d'apporter aux Suédois quelque belle province pour les consoler de la Finlande perdue. Le czar lui offrit la Norvège comme prix de son concours. Alexandre voulait à la fois s'attacher l'héritier présomptif des Wasa et punir le Danemark de sa fidélité à la France. Le 13 mars 1813, Bernadotte signa un traité d'alliance offensive et défensive avec le plus puissant des ennemis de l'Empereur. Il reniait à la fois son passé et son bienfaiteur. « Pour prendre femme, dit Napoléon en apprenant ce marché, on ne renonce pas à sa mère ; encore moins est-on tenu de lui déchirer les entrailles. »

Une année après, l'Europe s'acharnait contre l'aigle expirant. Le prince royal de Suède ramène de Leipzig sur les bords de l'Eider ses soldats couverts de sang français. Impatient de s'assurer le salaire des services rendus à nos ennemis, il envahit le Danemark, qui se voit forcé, par le traité de Kiel, de céder au prince de Suède la Norvège en toute propriété. La coalition était habituée à disposer des peuples sans leur aveu, à partager les royaumes au tranchant du sabre, mais elle avait compté sans la fierté désespérée du peuple norvégien. « Le Danemark, dirent alors les Norvégiens, a renoncé à ses droits ; nous avons recouvré notre indépendance. » Des députés envoyés par tous les bailliages du pays se réunissent à Eidsvold, sur les bords du lac Mjösen, à quelques milles de Christiania ; ils proclament l'indépendance nationale, suppriment la noblesse, qui avait toujours fait cause commune avec les Danois, donnent au royaume de Norvège une constitution républicaine et confèrent au prince héritier de Danemark la présidence de cette république avec le titre de roi.

Nous avons vu à Eidsvold les portraits précieusement conservés de ces législateurs en sabots qui furent les constituants de la Norvège. Il serait curieux de comparer cette galerie avec les portraits de nos députés à l'Assemblée de 1789, tels que les représente une toile célèbre, *le Serment du jeu de Paume*. L'artiste français montre nos législateurs arrivés au paroxysme de la passion politique ; ils jurent de mourir ou de doter la France d'une constitution : sur toutes ces physionomies de penseurs, de philosophes, de polémistes, l'enthousiasme patriotique fait explosion ; dans tous les regards brille un éclair. Les constituants d'Eidsvold sont des paysans vêtus à la façon des ancêtres ; sur leur visage respire une

L'ASCENSION DU SELJESTADGJUF
ROUTE D'ODDE AU HARDANGERFJORD.

volonté calme et une fermeté placide; ils ont l'air de régler les comptes de leurs fermiers. L'œuvre politique qu'ils ont créée subsiste encore; la constitution votée par nos enthousiastes de 89 a vécu deux ans!

Bernadotte, souverain de la Norvège par lettres patentes du czar, voulut dompter ces montagnards qui osaient se proclamer libres parce qu'on disposait d'eux sans leur consentement. La coalition bloqua les ports de la Norvège, et le prince de Suède envahit le pays à la tête d'une armée; mais il trouva un peuple debout, prêt à défendre ses franchises, et, malgré quelques succès, tels que la prise de Frederiskhald, il ne tarda pas à entrer en négociations avec les représentants de la Norvège. Il leur proposait de le reconnaître pour leur souverain, et leur promettait en retour de jurer serment à la Constitution d'Eidsvold. Cette transaction fut acceptée : c'est donc en vertu d'un pacte librement consenti que la Norvège s'unit à la Suède ; elle conservait sa charte, ses lois, sa personnalité. Les législateurs d'Eidsvold repoussaient la domination suédoise, en prenant pour roi le futur souverain de la Suède.

***

Après le palais du Storthing, les deux monuments les plus importants de Christiania sont le palais du roi et la prison ; le palais a la mine plus triste que la prison. D'ailleurs, le château royal est aussi un domicile obligatoire ; la Norvège l'impose à son souverain de par la loi. La constitution de 1814 condamne le roi à venir passer chaque année deux mois à Christiania entouré d'une cour exclusivement norvégienne.

La prison de Christiania a sa légende, dont plus d'un contemporain a connu le héros. Ouli-Eiland a été le dernier et le plus célèbre de ces héros de grands chemins, audacieux, adroits, peu scrupuleux, que le peuple adore quand il ne les craint plus. Ne disons pas trop de mal des bandits. Dans un siècle où les nations perdent de jour en jour les coutumes traditionnelles qui les distinguaient, où les tons variés de la palette européenne se fondent dans une nuance uniformément terne, le bandit conserve seul la précieuse tradition des mœurs, des passions, des traits originaux de sa race ; il est le dernier représentant de la couleur locale, et à ce titre il a des droits à la considération du voyageur, après le voyage.

Ouli-Eiland, le brigand norvégien, était fort, vigoureux, intrépide comme ses compatriotes. Il fit la guerre à la société, mais avec loyauté : retiré dans des montagnes dont lui seul connaissait les détours, il en sortait souvent à l'improviste. D'ordinaire, c'était pour arrêter un courrier et emporter la caisse ; parfois, c'était pour porter une aumône à un gaard misérable, ou pour aller dans une ville narguer les gendarmes, causer avec les bourgeois et connaître la récompense promise à celui qui le livrerait mort ou vif. Arrêté plusieurs fois, il s'échappait toujours : le récit de ses évasions tient du prodige et ferait croire qu'il avait retrouvé le secret du célèbre *Sésame ouvre-toi* des contes arabes. Entre le directeur de la prison de Christiania et Ouli-Eiland, entre le geôlier et le captif, ce fut une lutte épique, lutte de ruse et d'adresse, de vigilance d'un côté, de dextérité de l'autre.

Un jour, le directeur de la prison commande à un mécanicien célèbre de Christiania un fauteuil sur lequel il fondait les plus légitimes espérances ; on y assoit Ouli-Eiland. Au moyen d'un ressort les bras se resserrent sur le prisonnier et l'étreignent, le dossier s'arrondit autour de sa taille et l'enlace ; ainsi enchaîné, Eiland est transporté dans un cachot. Le lendemain il est libre : huit jours après il avait repris le cours de ses exploits.

L'autorité s'émut, le gouverneur de Christiania décréta une levée en masse contre le bandit ; on le traqua, son refuge fut cerné : désespérant de le vaincre, on l'affama, et il vint de lui-même se rendre à discrétion. Aucun assassinat ne pouvait être prouvé contre lui, mais des vols nombreux le firent condamner à la détention perpétuelle : ce mot le fit sourire. Connaissant son homme, le gouverneur de Christiania doutait de sa geôle et de ses geôliers ; il voulut user d'un système nouveau et encore inconnu dans le régime des maisons de détention. Il fait venir Eiland, et, s'adressant à sa loyauté norvégienne, il lui annonce qu'il ne sera l'objet d'aucune surveillance, qu'il pourra errer librement dans l'intérieur de la prison, qu'il ne sera ni enfermé ni enchaîné, mais il lui demande sa parole d'honneur de ne point s'échapper. Ouli-Eiland la donne, et le gouverneur rassuré dort sur ses deux oreilles. En effet, le prisonnier ne chercha point à enfreindre sa parole, mais sa joyeuse humeur avait disparu, sa gaieté s'était métamorphosée en tristesse ; le bandit avait le spleen. Un jour il demanda à être conduit au gouverneur : « Enferme-moi, lui dit-il, garde-moi, enchaîne-moi, mais rends-moi ma parole. » Le gouverneur le fit jeter dans une cage de fer dont chaque barreau était garni de clochettes ; chaque mouvement du prisonnier éveillait un carillon. Ce changement de situation rendit à Ouli-Eiland toute sa gaieté ; il pouvait fuir sans se déshonorer. Au bout de six semaines on trouva la cage vide ; l'oiseau avait regagné ses montagnes.

La légende ne s'explique pas sur la fin d'Ouli-Eiland. Est-il tombé dans quelque rencontre avec la maréchaussée ? a-t-il été emporté par une avalanche ou traîtreusement assassiné par un collègue ? Nos recherches sur ce point sont demeurées sans résultat. D'ailleurs l'imagination populaire aime à envelopper d'ombre la fin des personnages qui l'ont vivement frappée ; ces hommes-là ne meurent pas, ils disparaissent.

Christiania est bâtie dans l'un des sites les plus gracieux du monde, entre le fjord et les derniers contreforts des Alpes norvégiennes. C'est en vain pourtant qu'on chercherait dans la ville quelque échappée de vue sur les riches trésors que la nature a mis à ses portes. Christiania ne touche au fjord qu'en un point, à l'entrée de son port ; puis elle semble s'enfuir vers l'intérieur des terres, prolongeant de longs faubourgs dans la vallée qui s'étend au nord. Si au contraire elle avait élevé ses palais, ses quartiers neufs et aristocratiques au bord du fjord, le long des courbes harmonieuses que dessine le rivage, elle pourrait s'enorgueillir d'une vue que Genève seule offre à ses habitants. Devant Christiania, le fjord s'épanouit en un lac calme, bleu, poétique comme le Léman, entouré comme lui d'une ceinture de montagnes, dont les croupes boisées s'abaissent en gradins autour des sinuosités de la côte. Mais des îles innombrables parsèment ce lac ; tantôt elles se serrent en grappes pressées, tantôt elles s'éparpillent et se dispersent, semblables toujours à des bouquets de verdure jaillissant des flots.

C'est au moment où nous allons quitter Christiania, où le steamer s'ébranle pour nous conduire à l'embouchure du fjord, que le paysage se révèle à nous dans toute sa fraîche beauté. Le vapeur nous emporte, Christiania s'éloigne, masquée bientôt par un rideau de verdure ; nous doublons la presqu'île qui porte le castel mignon d'Oscarhall, résidence du vice-roi de Norvège, belvédère gracieux d'où la vue embrasse tous les replis du fjord, se repose sur la nappe verdoyante des forêts, se perd au milieu des montagnes et découvre au loin le pic aigu de Gausta ou les glaciers du Thelemarken. Nous voici perdus dans un labyrinthe d'archipels boisés offrant à nos yeux des tableaux incessamment variés. Puis le fjord s'élargit, des villes populeuses, Moss et Holmestrand, apparaissent comme des taches blanches sur la verdure foncée qui les entoure. Bientôt les côtes se dénudent, les îles ne sont plus que des rochers pelés, battus par les flots. A notre gauche un pic s'élève à trois cents pieds au-dessus de la mer et porte à son sommet une couronne de remparts ; cette vieille citadelle regarde passer en fronçant le sourcil tous les navires qui entrent à Christiania ou qui en sortent. A ses pieds repose une cité, pressée également entre de hautes murailles. Frederikshald, comme une sentinelle avancée jetée sur ce rocher, semble monter la garde à l'entrée du fjord ; c'est le Cronstadt de Christiania.

Albert Vandal.

EN KARRIOLE.

www.ingramcontent.com/pod-product-compliance
Lightning Source LLC
Chambersburg PA
CBHW060603050426
42451CB00011B/2054